CATALOGUE

D'UNE COLLECTION DE

MONNAIES

ROMAINES ET FRANÇAISES

COMPOSANT LA COLLECTION DE

M. DE C.

DONT LA VENTE AUX ENCHÈRES PUBLIQUES AURA LIEU

HOTEL DES COMMISSAIRES-PRISEURS

RUE DROUOT, N° 9, SALLE N° 4

Au premier étage

Le Vendredi 25 Avril 1879

A une heure très précise

EXPOSITION PUBLIQUE DE MIDI A UNE HEURE

Le jour de la vente

94

Me MAURICE DELESTRE, Commissaire-Priseur, rue Drouot, 27

Assisté de MM. ROLLIN et FEUARDENT, Experts.

rue Louvois, 4.

PARIS 1879

toile

CATALOGUE

D'UNE COLLECTION DE

MONNAIES

ROMAINES ET FRANÇAISES

COMPOSANT LA COLLECTION DE

M. DE C.

DONT LA VENTE AUX ENCHÈRES PUBLIQUES AURA LIEU

HOTEL DES COMMISSAIRES-PRISEURS

RUE DROUOT, N° 9, SALLE N° 4

Au premier étage

Le Vendredi 25 Avril 1879

A une heure très précise

EXPOSITION PUBLIQUE DE MIDI A UNE HEURE

Le jour de la vente

Me MAURICE DELESTRE, Commissaire-Priseur, rue Drouot, 27

Assisté de MM. ROLLIN et FEUARDENT, Experts,

rue Louvois, 4.

PARIS 1879

CONDITIONS DE LA VENTE

Elle sera faite expressément au comptant.

Les Acquéreurs paieront CINQ POUR CENT en sus des adjudications, applicables aux frais de vente.

PARIS. — IMPRIMERIE ALCAN-LÉVY, 61, RUE DE LAFAYETTE.

La petite collection que nous mettons en vente, a été formée par un amateur qui recherchait avant tout les pièces de belle conservation. On trouvera donc, dans le catalogue que nous publions, un petit nombre de raretés, mais surtout quantité de très belles pièces et beaucoup d'exemplaires à fleurs de coin.

Nous citerons seulement, parmi les Romaines d'or, un superbe Vitellius, une très belle Plotine, un magnifique Pertinax, un Septime Sévère inédit, de très beaux exemplaires d'Élagabale, Gordien III, Aurélien, Dioclétien, etc.

Parmi les Françaises en or, un Caribert II splendide, l'écu d'or de Louis XIII pour la Dauphine, belle pièce de première rareté.

R. et F.

CATALOGUE

DE

Médailles Romaines

CONSULAIRES

Tous les numéros cités sont ceux de l'ouvrage de Cohen.

---

1. **Afrania**. Tête de Pallas à dr., devant X. ℞. S. AFRA ROMA. Victoire conduisant un bige au galop à droite (n. 1). AR. T.B.
2. **Caecilia**. Tête de la Piété à droite. Devant une cigogne. ℞. IMPER. Instruments de sacrifice dans une couronne (n. 11). AR. T.B.
3. **Calpurnia**. PISO. CAEPIO. Q. Tête de Saturne à droite. ℞. AD. FRV. EMV. X. S. C. Les questeurs assis (n. 24). AR. T.B.
4. **Calpurnia**. Tête d'Apollon à droite ; derrière. ℞. L. PISO. FRVGI. Cavalier courant à droite et tenant une palme ; dessous P (n. 10). AR. T.B.
5. **Claudia**. Tête casquée de Pallas à droite. ℞. C. PVLCHER. Victoire dans un bige au galop à droite (n. 2). AR. T.B.
6. **Cassia**. Q. CASSIVS. LIBERT. Tête nue de la Liberté à droite. ℞. Temple de Vesta (n. 7). AR. B.
7. **Cassia**. Tête voilée de Vesta à gauche ; derrière, la simpule. ℞. LONGIN. III. V. Sénateur debout (n. 4). AR. B.
8. **Cornelia**. L. LENT. C. MARC. COS. Tête nue de Jupiter à droite. ℞. Jupiter debout à droite près d'un autel (n. 14). AR. B.
9. **Pompeia**. Tête de Pallas à droite ; derrière, un vase ; devant X. ℞. Romulus et Rémus allaités par la louve (n. 1). AR. B.
10. **Scribonia**. BON. EVENT. LIBO. Tête diadémée de Bonus Eventus à droite. ℞. PVTEAL. SCRIBON. Margelle de puits (n. 2). AR. B.
11. **Coponia**. Q. SICINIVS. III. VIR. Tête diadémée d'Apollon à droite, dessous une étoile. ℞. C. COPONIVS. PR. SC. Massue couverte d'une peau de lion (n. 1). AR.

12. **Cordia.** RVFVS. III. VIR. Têtes accolées des Dioscures. ℞. MAN-CORDIVS. Vénus debout à gauche (n. 1). AR.

IMPÉRIALES

POMPÉE LE GRAND

13. MAG. PIVS. IMP. ITER. Tête de Pompée à droite. ℞. PREF. CLAS. ET. ORAE MARIT. EX. S. C. Anapus et Amphinome (n. 12). AR.

JULES CÉSAR

14. CAESAR. IM. P. M. Tête de Jules César à droite; derrière, un croissant. ℞. L. AEMILIVS. BVCA. Vénus debout à gauche (n. 24). AR.

15. CAESAR. IMPER. Sa tête laurée à droite. ℞. M. METTIVS. Vénus Nicéphore debout à gauche ; derrière un bouclier, à ses pieds un globe, dans le champ B (n. 35). AR.

LEPIDE et OCTAVE

16. LEPIDVS. PONT. MAX. III. VIR. R. P. C. Tête nue de Lépide à droite. ℞. CAESAR IMP. III. VIR. R. P. C. Tête nue d'Octave à droite (n. 2). AR.

MARC ANTOINE

17. M. ANTONIVS. IMP. III. VIR. R. P. C. Sa tête nue à droite avec le bâton d'augure. ℞. PIETAS COS. La Piété debout sacrifiant sur un autel allumé et tenant une corne d'abondance avec deux cigognes (n. 75). AR. B.

18. Tête nue et barbue à droite avec le bâton d'augure. ℞. M. ANTONIVS. III, VIR. R. P. C. Tête radiée du soleil à droite (n. 66). AR.

19. M. ANTONI. IMP. Sa tête nue, barbue à droite. ℞. III. VIR. R. P. C. Tête radiée du soleil de face dans un temple à deux colonnes (n. 57). AR.

20. ANTON. IMP. Sa tête nue à droite. ℞. CAESAR. IMP. Caducée ailé (n. 52). AR.

MARC ANTOINE et OCTAVE

21. M. ANT. IMP. AVG. III. VIR. R. P. C. CN. BARBAT. Q. P. Tête nue d'Antoine à droite. ℞. CAESAR. IMP. PONT. III. VIR. R. P. C. Tête nue d'Octave à droite (n. 7). AR.

22. La même médaille, avec le bâton d'augure derrière la tête d'Octave AR.

CLÉOPATRE

23. CLEOPATRAE. REGINAE. REGVM. FILIORVM. REGVM. Son buste diadémé. ℞. ANTONI. ARMENIA. DEVICTA. Tête nue de Marc Antoine (n. 1). AR.

AUGUSTE

24. AVGVSTVS. DIVI. F. Sa tête nue à droite. ℞. IMP. XII. Taureau cornupète à droite (n. 137). OR. T.B.

25. La même médaille avec IMP. X (n. 118). OR. T.B.

26. C. CAES. AVGVST. Caius au galop à droite; derrière lui trois enseignes (n. 82). OR.

27. C. ANTISTIVS. REGINVS. III. VIR. Instruments de sacrifice (n. 290). AR. T.B.

28. IMP. X. Taureau cornupète à droite (n. 119). AR. T.B

29. SIGNIS. RECEPTIS S. P. Q. R. Bouclier entre une aigle romaine et une enseigne. Sur le bouclier CL. V. (n. 205). AR. T.B.

30. La même médaille. AR.

31. AVGVSTVS DIVI. F. IMP. Caducée ailé (inédite). AR.

32. ASIA RECEPTA. Victoire debout sur une ciste (n. 50). AR. Q.

33. Lot de trois pièces. AR.

34. C. L. CAESARES. Et Caius et Lucius debout (n. 87). AR.

35. IMP. CAESAR. Sur le fronton d'un temple. AR.

TIBÈRE

36. TI. CAESAR. DIVI. AVG. F. AVGVSTVS. Sa tête laurée à droite. ℞. PONTIF. MAXIM. Livie assise à droite (n. 1). OR. T.B.

37. Même médaille (n. 2). AR. T.B.

ANTONIA

38. ANTONIA. AVGVSTA. Son buste à droite, couronné d'épis. ℞. CONSTANTIAE AVGVSTI. Cérès debout (n. 2). AR. B.

AGRIPPINE mère et CALIGULA

39. AGRIPPINA MAT. C. CAES. AVG. GERM Buste d'Agrippine à droite. ℞. C. CAESAR. AVG. GERM. P. M. TR. POT. Tête de Caligula à droite (n. 2). AR. T.B.

GERMANICUS et CALIGULA

40. GERMANICVS. CAES. P. C. CAES. AVG. GERM. Sa tête nue à droite. ℞. C. CAESAR AVG. GERM. P. M. TR. POT. Tête de Caligula à droite (n. 2). AR. T.B.

CALIGULA

41. C. CAESAR. AVG. PON. M. TR. POT. IIII. COS. IIII. Tête laurée de Caligula. ℞. S. P. Q. R. P. P. OB. C. S. dans une couronne de chêne (n. 8). AR. T.B.

CLAUDE

42. TI. CLAVD. CAESAR. AVG. PM. TR. P. Sa tête laurée à droite. ℞. PACI. AVGVSTAE. La Paix avec les emblèmes de Némésis, marchant (n. 5). OR. T.B.

AGRIPPINE jeune et CLAUDE

43. AGRIPPINAE. AVGVSTAE. Son buste à droite. ℞. TI. CLAVD. CAESAR AVG. GERM. PM. TRIB. POT. Tête laurée de Claude à droite (n. 3). OR.

NÉRON

44. NERO CAESAR. AVGVSTVS. Sa tête laurée à droite. ℞. SALVS (à l'exergue). La Santé assise à gauche (n. 59). OR. T.B.

45. IVPPITER. CVSTOS. Jupiter assis à gauche, tenant un foudre et un sceptre (n. 13). AR. T.B.

GALBA

46. SER. GALBA. IMP. CAESAR. AVG. P. M. TR. P. Sa tête laurée à droite; dessous, un globe. ℟. ROMA. VICTRIX. Rome debout à gauche (n. 71). AR. T.B.

47. DIVA. AVGVSTA. Livie debout à gauche (n. 29). AR.

48. S. P. Q. R. OB. C. S. dans une couronne de chêne (n. 81). AR.

Interrègne.

49. LIBERTAS. RESTITVTA. Tête de la Liberté à droite, coiffée en cheveux. ℟. S. P. Q. R. sur un bouclier dans une couronne de chêne (n. 273). AR. T.B.

OTHON

50. IMP. M. OTHO. CAESAR. AVG. TR. P. Sa tête nue à droite. ℟. SECVRITAS. P. R. La Sécurité debout à gauche (n. 14). AR. T.B.

VITELLIUS

51. A. VITELLIVS. GERM. IMP. AVG. TR. P. Sa tête laurée à droite. ℟. XV. VIR. SACR. FAC. Trépied, un dauphin dessus; dedans, un corbeau (n. 45). OR. F.D.C.

52. Comme le précédent (n. 49). AR. T.B.

VESPASIEN

53. IMP. CAESAR. VESPASIANVS. AVG. TR. P. Tête laurée à droite. ℟. VICTORIA. AVGVST. Victoire marchant à gauche (n. 225). OR. T.B.

54. FORTVNA. AVGVST. La Fortune debout à gauche (n. 88). OR. F.D.C.

55. COS. VII. Aigle éployé sur un autel, la tête tournée à gauche (n. 60). AR. T.B.

56. PACI. ORB. TERR. AVG. Buste tourelé de la Paix, dans le champ. EPHE (frappée à Ephèse) (sup. n. 20). AR.

TITUS

57. T. CAESAR. IMP. VESPASIAN. Sa tête laurée à droite. ℟. COS. IIII. Taureau cornupète à droite (n. 15). OR. T.B.

58. TR. P. IX. IMP. XV. COS. VIII P. P. Chaise curule (n. 100). AR. T.B.

59. TR. P. IX. IMP. XV. COS. VIII. P. P. Dauphin enlaçant une ancre (n. 90). AR. T.B.

DOMITIEN

60. CAES. AVG. F. DOMITIANVS. Sa tête laurée et barbue à droite. ℟. COS. IIII. Corne d'abondance; variété du n. 22 de Cohen qui porte CAESAR. OR. F.D.C.

61. IMP. XIIII. COS. XIIII. CENS. P. P. P. Pallas debout sur une galère (n. 89). AR. F.D.C.

62. COS. IIII. Pégase à droite (n. 23). AR. T.B.

63. CERES. AVGVST. Cérès debout (n. 17). A.R.

64. PRINCEPS. IVVENTVTIS. Chèvre dans une couronne de laurier (n. 223). AR.

65. TR. P. COS. VII DES. VIII. P. P. Autel (n. 227). AR.

DOMITIA

66. IMP. DOMIT. AVG. GERM. Buste de Domitia à gauche. ℟. S. C., quatre épis et trois pavots en faisceau (n. 15). P.B.

NERVA

67. IMP. NERVA. CAES. AVG. P. M. TR. P. COS. II. P. P. Sa tête laurée à droite. ℟. CONCORDIA EXERCITVVM. Deux mains jointes tenant une aigle légionnaire posée sur une proue. (Supp. n. 8.) OR. T.B.

68. Même revers, mais sans l'aigle (n. 13). AR. T.B.

69. AEQVITAS. AVGVST. L'Équité debout à gauche (n. 5). AR. F.D.C.

TRAJAN

70. IMP. CAES. NER. TRAIANO. OPTIMO. AVG. GER. DAC. Son buste lauré à droite. ℟. A l'exergue FORT. RED.; à l'entour P. M. TR. P. COS. VI. P. P. S. P. Q. R. La Fortune assise à gauche (n. 92). OR. T.B.

71. P. M. TR. P. COS. IIII. P. P. Victoire marchant à gauche (n. 146). AR. T.B.

72. S. P. Q. R. OPTIMO. PRINCIPI. La Paix assise à gauche, un captif à ses pieds (n. 235). AR. T.B.

73. Même légende. Le captif assis sur un bouclier; dessous, un sabre (n. 268). AR. T.B.

74. COS. V. P. P. S. P. Q. R. OPTIMO. PRINC. L'Equité debout à gauche (n. 43). AR. T.B

PLOTINE

75. PLOTINA. AVG. IMP. TRAIANI. Son buste diadémé à droite. ℟. CAES. AVG. GERMA. DAC. COS. VI. P. P. Vesta assise à gauche (n. 1). OR. T.B.

MATIDIE

76. MATIDIA. AVG. DIVAE. MARCIANAE. F. Son buste diadémé à droite. ℟. PIETAS. AVGVST debout; près d'elle la jeune Matidie et Sabine debout (n. 2). AR. B.

HADRIEN

77. IMP. CAESAR. TRAIAN. HADRIANVS AVG. Son buste lauré à droite. ℟. P. M. TR. P. COS. III. Rome casquée assise à gauche (n. 385). OR. T.B.

78. Même légende. L'Équité debout à gauche (n. 400). AR. B.

79. COS. III. Sept étoiles dans un croissant (n. 201). AR.

SABINE

80. SABINA. AVGVSTA. Son buste diadémé à droite avec la queue. ℟. VESTA. Vesta assise à gauche (n. 25). OR. T.B.

81. CONCORDIA AVG. La Concorde assise à gauche (n. 4). AR. B.

82. PVDICITIA. La Pudeur voilée debout à gauche (n. 22). AR. T.B.

83. CONCORDIA AVG. La Concorde debout à gauche (n. 10). AR

AELIUS (César).

84. L. AELIVS. CAESAR. Sa tête nue à droite. ℟. CONCORD à l'exergue, TR. POT. COS II à l'entour; la Concorde assise à gauche (n. 7). AR. T.B.

ANTONIN

85. ANTONINVS. AVG. PIVS. P. P. TR. P. COS. III. Tête laurée à droite. ℞. IOVI. STATORI. Jupiter nu, debout de face (n. 167). OR. T.B.

86. COS. IIII. Antonin debout à gauche (n. 130). OR. T.B.

87. CONSECRATIO. Bûcher à quatre étages (n. 45). AR. B.

88. LIBERALITAS. VII. COS. IIII. La Libéralité debout à gauche (n. 187). AR.

FAUSTINE mère.

89. DIVA. FAVSTINA. Son buste à droite. ℞. AETERNITAS. L'Éternité ou la Fortune debout à gauche (n. 2) OR. T.B.

90. PIETAS. AVG. La Piété voilée debout à gauche (n. 96). AR. B.

91. CONSECRATIO. Paon marchant à droite, tournant sa tête à gauche (n. 72) AR.

MARC AURÈLE

92. M. ANTONINVS. AVG. TR. P. XXIII. Buste lauré à gauche. ℞. FELICITAS AVG. COS. III. La Félicité debout à gauche (inédite). OR. T.B.

93. IVVENTAS. La Jeunesse debout à gauche (n. 134). AR. T.B.

94. PROV. DEOR. TR. P. XV. COS. III. La Providence debout à gauche (n. 181). AR. B.

95. TR. P. XX. IMP. IIII. COS. III. Victoire debout à droite tenant un bouclier sur lequel on lit. VIC. PAR. (n. 287). AR.

FAUSTINE jeune.

96. FAVSTINA. AVGVSTA. Son buste à droite avec les cheveux ondés. ℞. SALVS. La Santé assise à gauche (n. 73) OR. T.B.

97. FECVND. AVGVSTAE. La Fécondité debout à gauche (n. 34). AR. T.B.

98. IVNONI. REGINAE. Junon debout à gauche (n. 51) AR. T.B.

99. IVNO. Junon assise à gauche (n. 44). AR.

LUCIUS VERUS

100. L. VERVS. AVG. ARM. PARTH. MAX. Son buste lauré à droite. ℟. TR. P. VII. IMP. IIII. COS. III. Victoire marchant à gauche (n. 74). OR. T.B.

101. PROV. DEOR. TR. P. II. COS. II. La Providence debout à gauche (n. 37). AR. T.B.

LUCILLE

102. LVCILLAE. AVG. ANTONINI. AVG. F. Son buste à droite. ℟. VENVS. Vénus debout à gauche (n. 26). AR. T.B.

103. IVNO. REGINA. Femme voilée debout à gauche (n. 15). AR. T.B.

COMMODE

·104. M. COMMODVS. ANTONINVS. AVG. Buste lauré à droite. ℟. SECVRITAS. PVBLICA. TR. P. VI. IMP. IIII. COS. III. P. P. La Sécurité assise à droite (n. 230). OR. F.D.C.

105. P. M. TR. P. VIIII. IMP. VII. COS. IIII. P. P. Rome casquée debout à gauche (n. 150). AR. B.

106. HILARITAS. L'Allégresse debout à gauche (n. 76). AR. B.

107. FID. EXERC. à l'exergue ; autour, P. M. TR. P. XI. IMP. VII. COS. V. P. P. Commode debout sur une estrade et haranguant trois soldats (n. 52). AR.

108. CONCORDIAE. COMMODI. AVG. La Concorde debout à gauche (inédite). AR.

CRISPINE

109. CRISPINA. AVGVSTA. Son buste à droite. ℟. CERES. Cérès voilée, debout à gauche (n. 1). AR.

PERTINAX

110. IMP. CAES. P. HELV. PERTIN. AVG. Sa tête laurée à droite. ℟. PROVID. DEOR. COS. II. La Providence debout à gauche (n. 15). OR. T.B.

DIDE JULIEN

111. IMP. CAES. M. DID. IVLIAN AVG. Sa tête laurée à droite. ℟. RECTOR. ORBIS. Julien debout à gauche (n. 8). AR. T.B.

PESCENNIUS NIGER

112. IMP. CAES. PESC. NIGER. IVST. AVG. Sa tête laurée à droite. ℟. SALVTI. AVGVS. La Santé debout à droite (n. 41). AR. B.

ALBIN

113. IMP. CAES. D. CLO. SEP. ALB. AVG. Sa tête laurée à droite. ℟. FIDES LEGION. COS. II. Deux mains jointes tenant une aigle légionnaire (n. 14). AR. B.

SEPTIME SÉVÈRE

114. L. SEPT. SEV. PERT. AVG. IMP. VIII. Son buste lauré à droite. ℟. VOTA PVBLICA. Sévère voilé debout à gauche (inédite). OR. F.D.C.

115. P. M. TR. P. XVIII. COS. III. P. P. La Santé assise à gauche (n. 334). AR. T.B.

116. P. M. TR. P. XI. COS. III P. P. La Fortune assise à gauche (n. 285). AR. T.B.

117. P. M. TR. P. XVII. COS. III. P. P. Jupiter debout entre Caracalla et Géta (n. 323). AR.

118. INDVLGENTIA. AVG. IN. CARTH. Cybèle assise sur un lion (n. 131). AR.

119. P. M. TR. P. XIIII. COS. III. P. P. Sévère debout à gauche (n. 296). AR. B.

JULIA DOMNA

120. IVLIA AVGVSTA. Son buste à droite. ℟. SAECVLI FELICITAS. Isis debout à droite, allaitant Horus (n. 93). AR. T.B.

121. PIETAS. AVG. La Piété debout à gauche (n. 78). AR. T.B.

122. MATER DEVM. Cybèle tourelée, assise à gauche entre deux lions (n. 64). AR.

123. VENVS GENETRIX. Vénus assise à gauche (n. 110). AR. B.

124. VENVS GENETRIX. Vénus assise à gauche étendant la main et tenant un sceptre (n. 112). AR. T.B.

125. HILARITAS. L'Allégresse debout à gauche (n. 40). AR. T.B.

126. FORTVNAE. FELICI. La Fortune assise à gauche (n.32). AR. T.B.

127. DIANA. LVCIFERA. Diane, sans croissant, debout à gauche (n. 19). AR.

128. CERERI. FRVGIF. Cérès assise à gauche, tenant des épis (n. 11). AR. B.

129. VENERI. VICTR. Vénus debout à droite (n. 103). AR.

CARACALLA

130. ANTONINVS. PIVS. AVG. GERM. Buste radié à droite. ℟. P. M. TR. P. XVIII. COS. IIII. P. P. Sérapis debout à gauche, tenant une haste (n. 183). AR. B.

131. La même médaille. AR. B.

132. VICT. PART. MAX. Victoire courant à gauche (n. 360). AR. B.

133. PONTIF. TR. P. XIV. COS. III. La Valeur debout à droite (n. 285). AR. B.

134. A l'exergue : VICT. PART ; à l'entour : P. M. TR. P. XX. COS. IIII. P. P. Victoire assise à droite tenant un bouclier qui porte l'inscription VO. XX. (n. 355). AR. B.

135. P. M. TR. P. XVII. COS. IIII. P. P. Apollon assis à gauche (n. 157). AR. B.

136. Comme n. 130, un globe au lieu d'une haste (n. 212). AR. B.

137. Légende du n. 130, mais le soleil de face et radié (n. 178). AR. B.

138. Même légende. La Foi militaire debout à gauche tenant deux enseignes (n. 193). AR. B.

139. RECTORI. ORBIS. Caracalla nu, debout, de face (suppt. n. 20. AR. B.

140. FIDES. MILITVM. La Foi debout (n. 53). AR.

141. PONTIF. TR. P. X. COS. II. La Valeur casquée marchant à droite (n. 255). AR.

PLAUTILLE

142. PLAVTILLAE. AVGVSTAE. Son buste à droite avec un chignon. ℞. PROPAGO. IMPERI. Plautille debout à droite donnant la main à Caracalla (n. 14). AR. T.B.

143. CONCORDIAE. La Concorde assise à gauche (n. 5.) AR. T. B.

144. VENVS. VICTRIX. Vénus debout à gauche (n. 18). AR.

GÉTA

145. P. SEPT. GETA. CAES. PONT. Son buste jeune à droite. ℞. SECVRIT. IMPERII. La Sécurité assise à gauche (n. 85). AR. T. B.

146. LIBERALITAS. AVG. V. La Libéralité debout à gauche (n. 34). AR. B.

147. FELICITAS. PVBLICA. La Félicité debout à gauche (n. 17). AR. T. B.

MACRIN

148. IMP. C. M. OPEL. SEV. MACRINVS. AVG. Buste lauré à droite. ℞. SECVRITAS. TEMPORVM. La Sécurité debout à gauche (n. 55). AR. T. B.

DIADUMÉNIEN

149. M. OPEL. ANT. DIADVMENIAN. CAES. Son buste nu à droite. ℞. PRINC. IVVENTVTIS. Diaduménien, debout de face, regardant à droite (n. 3). AR. T. B

ELAGABALE

150. IMP. CAES. M. AVR. ANTONINVS. AVG. Son buste lauré à droite. ℞. PONTIF. MAX. TR. P. II. COS. II. P. P. Rome casquée assise à gauche (n. 7 suppt.). OR. T. B.

151. P. M. TR. P. IIII. COS. III. P. P. Elagabale debout à gauche entre deux enseignes (n. 101). AR. B.

152. LIBERALITAS. AVG. III. La Libéralité debout à gauche (n. 52). AR.

153. VICTOR. ANTONINI. AVG. Victoire courant à droite (n. 146). AR. T. B.

154. P. M. TR. P. II. COS. II. P. P. La Providence debout à gauche (n. 74). AR.

155. FELICITAS. TEMP. Vaisseau à la voile avec sept rameurs et un pilote (n. 16). AR.

156. VICTORIA. AVG. Victoire marchant à gauche (n. 150). AR.

JULIA PAULA

157. IVLIA. PAVLA. AVG. Son buste à droite. ℟. CONCORDIA. La concorde assise à gauche; dans le champ, une étoile (n. 2). AR. F. D. C.

581. La même médaille. AR.

AQUILIA SEVERA

159. JVLIA. AQVILIA. SEVERA. AVG. Son buste à droite. ℟. CONCORDIA. La Concorde debout à droite (n. 1). AR. T. B.

JULIA SOAEMIAS

161. IVLIA. SOAEMIAS. AVG. Son buste à droite. ℟. VENVS. CAELESTIS. Vénus debout à gauche (n. 5). AR.

162. La même médaille avec Vénus assise. Deux pièces (n. 8). AR.

JULIA MAESA

163. IVLIA. MAESA. AVG. Son buste à droite. ℟. PIETAS. AVG. La Piété debout (n. 12). AR. B.

164. SAECVLI. FELICITAS. La Félicité debout à gauche (n. 17). AR. B.

165. IVNO. Junon debout à gauche (n. 7). AR. B.

ALEXANDRE SÉVÈRE

166. IMP. ALEXANDER. PIVS. AVG. Buste lauré à droite. ℟. PROVIDENTIA. AVG. La Providence debout à gauche (n. 192). AR. T. B.

167. P. M. TR. P. VI COS. P. P. La Paix debout à gauche (n. 140.) AR. T. B.

168. P. M. TR P. VII. COS. II. P. P. Romulus nu-tête marchant à droite (n. 155). AR. T. B.

169. IOVI. PROPVGNATORI. Jupiter nu, le manteau flottant, marchant à gauche (n. 42). AR. T. B.

170. PAX. AVG. La Paix courant à gauche (n. 78). AR. F. D. C.

ORBIANE

171. SALL. BARBIA. ORBIANA. AVG. Son buste diadémé à droite. ℞. CONCORDIA. AVG. La Concorde assise à gauche (n. 1). AR. T. B.

JULIE MAMÉE

172. IVLIA, MAMAEA. AVG. Son buste diadémé à droite. ℞. FELICITAS. PVBLICA. La Félicité debout à gauche (n. 5). AR. T. B.

173. IVNO. CONSERVATRIX. Junon diadémée et voilée debout à gauche (n. 14). AR. B.

174. FECVND. AVGVSTAE. Julie assise à gauche (n. 3). AR.

MAXIMIN Ier

175. MAXIMINVS PIVS. AVG. GERM. Buste lauré à droite. ℞. VICTORIA. GERM. Victoire debout à gauche (n. 40). AR. B.

176. PAX. AVVGSTI. La Paix debout à gauche (n. 16). AR. F. D. C.

177. FIDES. MILITVM. Maximin debout entre deux enseignes (n. 6). AR. B.

PAULINE

178. DIVA. PAVLINA. Son buste voilé à droite. ℞ CONSECRATIO. Pauline tenant un sceptre, assise à gauche sur un paon (n. 2). AR. T. B.

MAXIME

179. MAXIMVS. CAES. GERM. Son buste nu à droite. ℞. PRINC. IVVENTVTIS. Maxime debout à gauche (n. 4). AR. T. B.

GORDIEN D'AFRIQUE père.

180. IMP. M. ANT. GORDIANVS. AFR. AVG. Son buste lauré à droite. ℞. P. M. TR. P. COS. P. P. Gordien debout à gauche (n. 2). AR. F. D. C.

BALBIN

181. IMP. CAES. D. CAEL. BALBINVS. AVG. Son buste radié à

droite. ℞. PIETAS MVTVA. AVGG. Deux mains jointes (n. 9). AR. T. B.

PUPIEN

182. IMP. CAES. M. CLOD. PVPIENVS. AVG. Buste radié à droite. ℞. AMOR. MVTVVS. AVGG. Deux mains jointes (n. 1). AR. T. B.

GORDIEN III

183. IMP. GORDIANVS. PIVS. FEL. AVG. Son buste lauré à droite. ℞. PIETAS AVGVSTI. La Piété voilée debout à gauche (n. 74). OR. T. B.

184. MARTEM. PROPVGNATOREM. Mars casqué marchant à droite (n. 67). AR. B.

185. La même médaille. AR. B.

186. LAETITIA. AVG. N. La Félicité debout à gauche (n. 53). AR. B.

187. La même médaille (deux pièces). AR.

188. IOVI. STATORI. Jupiter debout de face regardant à droite (n. 49). AR.

189. CONCORDIA MILITVM. La Concorde assise à gauche (n. 23). AR.

190. VIRTVS AVG. La Valeur casquée debout à gauche (n. 160). AR. T. B.

191. P. M. TR. P. II. COS. P. P. (n. 94). AR. B.

192. LIBERALITAS. AVG. II. (n. 57). AR. T. B.

193. P. M. TR. P. V. COS. II. P. P. (n. 117). AR. B.

194. AEQVITAS. AVG. L'Équité debout à gauche (n. 7). AR. T. B.

195. VIRTVTI. AVGVSTI. (n. 166). AR. T. B.

196. AETERNITAS. AVG. (n. 15). AR. B.

197. CONCORDIA. AVG. La Concorde assise à gauche (n. 18). AR. T. B.

198. Même médaille (deux pièces).

199. Deux pièces (n. 136 et 138). AR.

199 *bis*. Lot de 6 pièces.

TRANQUILLINE

200. CAB. TPANKYLLEINA. CEB. Son buste diadémé à droite. ℞. L. E. Femme portant deux cornes d'abondance (frappée à Alexandrie). PB. B.

PHILIPPE père.

201. IMP. PHILIPPVS. AVG. Buste radié à droite. ℟. VIRTVS. AVGG. Philippe et son fils galopant à droite (n. 110). AR.

202. SAECVLVM NOVVM. Temple à six colonnes, au milieu la statue de Jupiter (n. 89). AR. T.B.

203. SAECULARES AVGG. Cerf marchant à droite (n. 83). AR. B.

204. SAECVLARES AVGG. Lion marchant à droite ; à l'exergue, I. (n. 70). AR.

205. VIRTVS AVG. La valeur casquée assise à gauche (n. 109). AR. B.

206. 207. Lot de 15 pièces. AR.

OTACILIE

208. OTACIL. SEVERA. AVGG. Buste diadémé à droite avec le croissant. ℟. CONCORDIA AVGG. La Concorde assise à gauche (n. 6). AR.

209. PIETAS AVGVSTAE (n. 20). AB. B.

210. PVDICITIA. AVG (n. 25). AR. B.

211. IVNO. CONSERVAT. (n. 9). AR.

212. Lot de quatre pièces. AR.

PHILIPPE fils.

213. M. IVL. PHILIPPVS. CAES. Buste radié à droite. ℟. PRINCIPI. IVVENT. Philippe debout à gauche (n. 30). AR. T. B.

214. Le même, mais avec un captif assis à ses pieds (n. 34). AR. B.

215. PAX AETERNA. La Paix debout à gauche (n. 16). AR. B.

TRAJAN DÈCE

216. IMP. C. M. Q. TRAIANVS. DECIVS. AVG. Buste radié à droite. ℟. DACIA. La Dacie debout à gauche (n. 16). AR. B.

217. ABVNDANTIA. (n. 2). AR. B.

218. ADVENTVS. AVG. (n. 4). AR.

219. Trois pièces (n. 48 et 39). AR.

ÉTRUSCILLE

220. HER. ETRVSCILLA. AVG. Buste diadémé à droite avec le croissant. ℞ PVDICITIA. AVG. La Pudeur assise à gauche (n. 12). AR. T.B.

HERENNIUS ETRUSCUS

221. Q. HER. ETR. MES. DECIVS. NOB. C. Buste radié à droite. ℞. PRINCIPI. IVVENTVTIS. Herennius debout à gauche (n. 15). AR. T. B.

HOSTILIEN

222. C. VALENS. HOSTIL. MES. QVINTVS. N. C. Son buste radié à droite. ℞. MARTI PROPVGNATORI. Mars casqué marchant à droite (n. 14). AR. T. B.

223. PRINCIPI. IVVENTVTIS. Hostilien debout à gauche, tenant une enseigne et une haste (n. 21). AR. B.

TRÉBONIEN GALLE

224. IMP. CAE. C. VIB. TREB. GALLVS. AVG. Buste radié à droite. ℞. LIBERTAS. AVGG. La Liberté debout à gauche (n. 33). AR. T.B.

225. PIETAS. AVGG. La Piété debout à gauche (n. 48). AR. T.B.

226. AETERNITAS. AVGG. L'Éternité debout à gauche (n. 9) et 14 autres pièces. AR. F.D.C.

VOLUSIEN

227. IMP. CAE. C. VIB. VOLVSIANO. AVG. Buste radié à droite. ℞. P. M. TR. P. IIII. COS. II. Volusien voilé debout à gauche (n. 52). AR. F.D.C.

228. La même médaille.

229. Même légende au revers, Volusien tenant une palme (n. 51). AR. B.

230. CONCORDIA. AVGG. La Concorde assise à gauche (n. 3 Supp.). AR.

231. VIRTVS. AVGG. La Valeur casquée debout à gauche (n. 79). AR. B.

232. Lot de six pièces. AR.

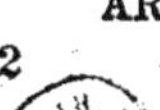

AEMILIEN

233. IMP. AEMILIANVS. PIVS. FEL. AVG. Buste radié à droite. ℟. ROMAE. AETERN. Rome casquée debout à gauche (n. 22). AR. T.B.

234. MARTI. PROPVG. Mars debout à gauche (n. 16). AR. B.

VALÈRIEN père.

235. IMP. C. P. LIC. VALERIANVS. P. F. AVG. Son buste radié à droite. ℟. VIRTVS. AVGG. Mars debout à droite, tenant une haste et appuyé sur son bouclier (inédite). BIL.

236. RESTITVT. ORIENTIS. Deux figures debout. BIL.

237. IMP. C. P. LIC. VALERIANVS. AVG. Buste radié à droite. ℟. VICTORIA. AVGG. Victoire debout à gauche (n. 142). BIL. TB.

238. APOLINI. PROPVG. Apollon debout à droite (n. 21). BIL.

239. APOLINI. CONSERVA. Apollon debout à droite (n. 17) trois pièces. BIL.

240. Lot de trois pièces. BIL.

MARINIANE

241. DIVAE. MARINIANAE. Son buste voilé à droite avec le croissant. ℟. CONSECRATIO. Paon de face avec la queue éployée regardant à gauche (n. 3), 2 pièces. BIL. T.B.

242. CONSECRATIO. Paon enlevant Mariniane au ciel (n. 9). BIL.

GALLIEN

243. GALLIENVS. AVG. Sa tête radiée à droite. ℟. SOLI. CONS. AVG. Taureau marchant à gauche à l'exergue XI (inédite). PB.

244. LEG. VIII. AVG. VI. P. VI. Taureau marchant à droite (inédite). AR.

245. SPES. PVB. L'Espérance debout à gauche (inédite). PB.

246. CONSERVAT. PIETAT. Gallien debout relevant une province (n. 97). PB.

247. PAX. PVBLICA. La Paix assise à gauche (n. 178). PB.

248. GALLIENVS. P. F. AVG. Son buste radié à droite. ℟. VICT. GERMANICA. Victoire entre deux captifs (n. 179). AR.

249. LEG. X. Etc... Taureau marchant à droite (n. 304). AR.

250. DIANA. Etc. Diane marchant à droite (n. 110). AR.
251. SECVRIT. PERPET (n. 175). PB.
252. JOVI. VICTORI (n. 164). AR. T.B.
253. Deux pièces (n. 509, 372). B.
254. Lot de 9 pièces. AR. B. et T.B.

RESTITUTION DE GALLIEN

255. DIVO. PIO. Tête radiée d'Antonin à droite. ℞. CONSECRATIO. Autel (n. 988). AR.

SALONINE

256. SALONINA. AVG. Buste diadémé à droite avec le croissant. ℞. FECVNDITAS. AVG. La Fécondité debout à droite (n. 35). PB. B.
257. VENVS VICT. Vénus debout à gauche (inédite).
258. Deux pièces (n. 14, 78). AR.

SALONIN

259. VALERIANVS. CAES. Buste radié à droite. ℞. IOVI. CRESCENTI. Jupiter sur la chèvre Amalthée (n. 18). AR. T.B.
260. CONSACRATIO. Aigle emportant Salonin (n. 5). AR. F.D.C.
261. La même médaille. AR. T.B.
262. ORIENS. AVG. Le Soleil marchant à gauche. AR.
263. CONSECRATIO. Autel (n. 11). AR. T.B

VALÈRIEN Jeune.

264. VALERIANVS P. F. AVG. Buste radié à droite. ℞. ORIENS. AVGG. Le Soleil marchant à gauche (n. 5). AR. T.B.
265. La même médaille. AR.
266. DEO. VOLKANO. Vulcain dans un temple (n. 1). AR.
267. La même médaille.

MACRIEN jeune.

268. IMP. C. FVL. MACRIANVS. P. F. AVG. Buste radié à droite ℞. SOL. INVICTO. Le Soleil radié, debout à gauch (n. 9). BIL. T.B

269. APOLINI. CONSERVA. Apollon debout à gauche (n. 2). BIL.

270. FORT. REDVX. La fortune assise à gauche (n. 40). BIL. B.

QUIÈTUS

271. IMP. C. FVL. QVIETVS. P. F. AVG. Buste radié à droite. ℞. AEQVITAS AVGG. L'Équité debout à gauche (n. 1). BIL. T.B.

POSTUME

272. IMP. C. POSTVMVS. P. F. AVG. Buste radié à droite. ℞. DIANAE. REDVCI. Diane marchant à droite, suivie par un cerf (n. 56). BIL.

273. P. M. TR. P. IIII. COS. III. P. P. Mars marchant à droite (n. 121). BIL. TB.

274. SALVS. PROVINCIARVM. Fleuve couché (n. 168). BIL. B.

275. HERC. PACIFERO. Hercule debout à gauche (n. 46). BIL. TB.

276. Trois pièces (n. 91, 90). BIL.

277. Trois pièces (n. 156, 157, 176). BIL.

278. Deux pièces (n. 88, 104) *et 8 autres pièces.* BIL.

VICTORIEN, père.

279. IMP. C. VICTORINVS. P. F. AVG. Buste radié à droite. ℞. AEQVITAS. AVG. L'Equité debout à gauche (n. 6). P. B. B.

MARIUS

280. IMP. C. MARIVS. P. F. AVG. Buste radié à droite. ℞. CONCORDIA MILITVM. Deux mains jointes (n. 4). BIL. TB.

CLAUDE II

281. DIVO. CLAVDIO. Tête radiée à droite. ℞. CONSECRATIO. Aigle debout à gauche (n. 49). P. B. B.

QUINTILLE

282. IMP. C M. AVR. CL. QVINTILLVS. AVG. Buste radié

droite. ℞. FIDES. MILITVM. La Foi debout à gauche (n. 22). P. B. B.

AURÊLIEN

283. IMP. C. AVRELIANVS. AVG. Son buste lauré. ℞. P. M. TR P. VII. COS. II. PP. Mars casqué allant à droite (n. 24). OR. T.B.

284. ORIENS. AVG. Le soleil radié, debout à gauche (n. 131). P. B. F.D.C.

285. VICTORIA. AVG. Victoire marchant à gauche (n. 200). P. B. T.B.

286. IOVI. CONSERVATORI. Aurélien debout à droite, recevant un globe de Jupiter (n. 111). P. B. T.B.

SÉVÉRINE

287. SEVERINA. AVG. Buste diademé à droite avec le croissant. ℞. PROVIDEN. DEOR. La Foi debout tenant deux enseignes en face du soleil (n. 12). P. B. T.B.

288. La même médaille.

289. VENVS. FELIX (n. 14). P. B. B.

TETRICUS père.

290. IMP. C. TETRICVS. P. F. AVG. Buste radié à droite. ℞. PAX. AVG. La Paix debout à gauche (n. 84). P. B.

TETRICUS fils.

291. C. PIV. ESV. TETRICVS. CAES. Buste radié à droite. ℞. SPES. AVGG. L'Espérance marchant à gauche (n. 47). P. B.

TACITE

292. IMP. C. M. CL. TACITVS. P. F. AVG. Buste radié à droite. ℞. PAX. PVBLICA. La Paix debout à gauche (n. 83). P.B. F.D.C.

293. SPES. PVBLICA. L'Espérance marchant à gauche (n. 111). P.B. B.

FLORIEN

294. IMP. C. M. AN. FLORIANVS. AVG. Buste radié à droite. ℞. PROVIDENTIA. AVG. La Providence debout à gauche (n. 63). P.B. T.B.

PROBUS

295. PROBVS. P. F. AVG. Buste radié à gauche ℞. SOLI. INVICTO. Le Soleil dans un quadrige au galop (n. 501). P.B. F.D.C.

296. SALVS. AVG. La Santé debout à droite (n. 467). P.B. B.

297. Trois pièces (n. 315, 317, 503). P.B.

CARUS

298. IMP. CARVS. P. F. AVG. Buste radié à droite. ℞. VIRTVS. AVGG. Soldat casqué debout à gauche (n. 90). P.B. T.B.

NUMÈRIEN

299. IMP. C. NVMERIANVS AVG. Buste radié à droite. ℞. PAX. AVGG. La Paix debout à gauche (n. 40). P.B. T.B.

300. IOVI. VICTORI. Jupiter debout à gauche (n. 27). P.B. T.B.

CARINUS

301. IMP. CARINVS. P. F. AVG. Buste radié à droite. ℞. PIETAS. AVG. Mercure debout à gauche (n. 88). P.B. T.B.

MAGNIA URBICA

302. MAGNIA. VRBICA. AVG. Buste diadémé à droite. ℞. VENVS. GENETRIX. Venus debout à gauche (n. 10). P.B. T.B.

NIGRINIEN

302 *bis* DIVO-NIGRINIANO. Buste radié à droite ℞. CONSECRATIO. Aigle éployé debout de face (n. 2). P.B. T.B.

DIOCLÉTIEN

303. DIOCLETIANVS. AVG. Tête laurée à droite ℞. PROVIDENTIA.

AVGG. Quatre soldats sacrifiant à la porte d'un camp, sur un trépied (n. 73). AR. B.

304. CONCORDIA. MILITVM. Dioclétien debout à droite (n. 12. Supp.). P.B. B.

305. IOVI. TVTATORI. AVGG. Jupiter debout à gauche (n. 259). P.B. B.

306. ORIENS. AVG. Le Soleil marchant à gauche (n. 68). OR. T.B.

MAXIMIEN HERCULE

307. MAXIMIANVS. P. F. AVG. Tête laurée à droite. ℟. VIRTVS. MILITVM. Porte de camp (n. 7. Variété). AR. F.D.C.

308. VICTORIA. SARMAT. Quatre soldats sacrifiant à la porte d'un camp (n. 81). AR. T.B.

309. Deux pièces (n. 289, 339). P.B. T.B.

CARAUSIUS

310. IMP. C. CARAVSIVS. P. F. AVG. Buste radié à droite. ℟. ℟. LAETITIA. AVG. La Paix debout à gauche (n. 177). P.B. T.B.

ALLECTUS

311. IMP. C. ALLECTVS. P. F. AVG. Buste radié à droite ℟. LAETITIA. AVG. La Joie debout à gauche (n. 22). P.B. T.B.

CONSTANCE CHLORE

312. CONSTANTIVS CAESAR. Tête laurée à droite. ℟. VICTORIA. SARMAT. Quatre soldats à la porte d'un camp (n. 48). AR. B.

313. VIRTVS. MILITVM. Quatre soldats à la porte d'un temple (n. 56). AR. T.B.

THÊODORA

314. FL. MAX. THEODORAE. AVG. Buste lauré à droite. ℟. PIETAS. ROMANA. La Piété debout de face (n. 1. suppl.) P. B. Q.

315. La même médaille.

HÉLÈNE

316. FL. HELENA. AVGVSTA. Buste à droite. ℞. SECVRITAS REIPVBLICAE. La Sécurité debout à gauche (n. 7). P.B. T.B.

MAXIMIEN GALÈRE

317. MAXIMIANVS. NC. Buste lauré à droite. ℞. VIRTVS. MILITVM. Quatre soldats à la porte d'un camp (n. 29). AR. T.B.

318. Comme le précédent (n. 30). AR.

MAXIMIN II DAZA

319. IMP. MAXIMINVS. P. F. AVG. Buste lauré à droite. ℞. S. P. Q. R. OPTIMO. PRINCIPI. Aigle légionnaire entre deux enseignes (n. 150). P. B.

MAXENCE

320. MAXENTIVS. D. F. AVG. Tête lauré à gauche. ℞. VICTORIA AETERNA. AVG. N. Victoire debout à droite écrivant. VOT. XX. FEL sur un bouclier (n. 99). P.B. B.

ROMULUS

321. DIVO. ROMVLO. NVBIS. CONS. Tête nue à droite. ℞. AETERNAE. MEMORIAE. Temple (n. 10). P. B.

LICINIUS père.

322. IMP. C. VAL. LICIN. LICINIVS. P. F. AVG. Buste radié à droite. ℞. IOVI. CONSERVATORI. Jupiter debout à gauche (n. 89). P.B. T.B.

323. GENIO. POP. ROM. Génie tourelé debout à gauche (n. 66). P.B.

LICINIUS fils.

324. LICINIVS. IVN. NOB. C. Buste lauré à droite. ℞. CAESARVM. NOSTRORVM. Autour d'une couronne ; à l'intérieur, VOT. V. (n. 10). P.B. B.

CONSTANTIN

325. CONSTANTINVS. NOB. C. Tête laurée à droite. ℟. VIRTVS. MILITVM. Porte de camp. A l'exergue R. T. (n. 150).
AR. T.B.

FAUSTA

326. FLAV. MAX. FAVSTA. AVG. Son buste à droite. ℟. SALVS REIPVBLICAE. Fauste voilée debout à gauche tenant dans ses bras Constantin et Constance (n. 1).
P.B. T.B.

CONSTANTIN jeune.

327. CONSTANTINVS. IVN. N. C. Buste lauré à droite. ℟. BEATA. TRANQVILLITAS. Autel avec VOTIS. XX. (n. 76).
P.B. T.B.

VALENS

328. D. N. VALENS. P. F. AVG. Buste diadémé à droite. ℟. VRBS. ROMA. Rome assise à gauche AR. T.B.

THÉODOSE

329. D. N. THEODOSIVS. P. F. AVG. Buste diadémé à droite. ℟. PERPETVITAS. Phœnix sur un globe. A l'exergue TR. P. S. pièce très rare. AR. T.B.

ARCADIUS

330. D. N. ARCADIVS. P. F. AVG. Buste diadémé à droite. ℟. VICTORIA. AVGGG. à l'exergue, CONOB. Arcadius debout à droite posant le pied sur un captif.
OR. T.B.

HONORIUS

331. D. N. HONORIVS. D. F. AVG. Buste diadémé à droite. ℟. VICTORIA AVGGG. A l'exergue. CONOB. Honorius debout à droite posant le pied sur un captif (n.)
OR. T.B.

MAXIME

332. D. N. MAG. MAXIMVS. P. F. AVG. Buste diadémé à droite. ℞. VIRTVS. ROMANORVM. A l'exergue TR. P. S. Rome assise de face tenant un globe et un sceptre (n. 12). AR. T.B.

GRATIEN

333. D. N. CRATIANVS. P. F. AVG. Buste diadémé à droite. ℞. VRBS. ROMA. Rome assise à gauche. A l'exergue. TR. P. S. (n. 46). AR. T.B.

—

SUPPLEMENT

AUGUSTE

334. IMP. CAESAR. Sa tête nue à droite. ℞. AVGVSTVS. Six épis en faisceau (n. 32). AR. Médaillon T.B.

335. IMP. IX. TR. PO. V. Sa tête nue à droite. ℞. COM. ASIAE. Temple à six colonnes sur le fronton. ROM. ET. AVGVST. (n. 34). AR. médaillon. T.B.

336. Lot de 31 pièces en argent, billon et petit bronze.

Monnaies françaises

GAULOISES

337. **Allobroges du lac Léman.** AR.
338. DVRNACOS. **Ligue contre Arioviste.** AR.
339. TOGIRIX. **Sequanes.** AR.
340. **Sequanes.** AR.
341. **Sequanes.** AR.
342. **Namnêtes.** AR.
343. **Bellovaques.** OR.
344. **Rêmes.** OR. T.B.
345. **Morins.** OR.
346. PARISII. Demi-stratère. OR.

MEROVINGIENNES

347. Saïga de la Grande-Bretagne. AR. T.B.
348. **Triens illisible.** OR.
349. — OR.
350. — OR.
351. — OR.

ROIS MEROVINGIENS

—

CHARIBERT II

352. CHARIBERTVS. REX. Tête diadémée dans un cercle ℟. BANNIACIACO. FIIT. Calice à deux anses surmonté d'une croix. Bannassac. OR. triens. F. D. C.

GONDEBAUD, roi de Bourgogne.

353. D. N. ANASTASIVS. PRINC. Tête d'anastase à droite. ℟. IVCTORA. AVICORVM. Victoire marchant à droite. A l'exergue. CONOB. Dans le champ, le monogramme de Gondebaud. OR. triens.

VILLES ou MONÉTAIRES

353. *bis*. **Soissons.** SVESSIONIS. FIT. Buste à droite. ℟. BETTO. MO. Croix sur un globe entouré d'un cercle de perles. OR. T.B.

354. **Wich. Duerstede.** DORESTATIT. Buste à droite. ℟. MADELINVS. M. Croix sur deux rangées de perles. OR. F. D. C.

355. **Wych ou Quentovic.** VIVVO FITT. Buste à droite. ℟. VNCCO. MONET. Croix sur un piedestal. OR. T.B.

356. **Maestricht.** TRIECTO. FIT. Buste diadémé à droite. ℟. MADELINVS. M. Croix sur un globe entouré de perles. OR. T.B.

357. **Autun.** AVGVSTIDVNO. FI. Deux têtes de profil à droite. ℟. IIIORIIS. MONIITARII. Croix. chrismée sur deux degrés, accostée de A et G. OR. T.B.

358. **Paris.** PARI... tête à droite. ℟. AR..... MONE. Croix ancrée. (Il manque un morceau de la pièce). OR.

359. **Chalons.** CABILLONO. Buste à droite. ℟. VVINTRIO. MON. Croix chrismée, accostée de C. et A. OR. T.B.

360. **Incertaine.** TIMIVORINNO. Victoire barbare. OR.

ROIS CARLOVINGIENS

—

PÈPIN LE BREF

361. R. P. avec trait au dessus. ℟. ANTRANO, en trois lignes Denier. AR. T.B.

CHARLEMAGNE

362. **Bénévent.** CAR. REX. DOMS. Croix accostée de G. et R. GRIMVALD. Buste du roi de Bénévent de face. OR. Sol. T.B.

363. Mêmes légendes et types. OR. tiers de sol. B.

364. **Melle.** CARLVS. REX. FR. Croix. ℞. METVLLO. monogramme par K. AR. denier. T.B.

365. Même pièce AR. id. T.B.

366. Grand monogramme par K. ℞. METVLLO. Croix. AR. obole. T.B.

LOUIS Ier, le Débonnaire.

367. **Tours.** HLVDOVVICVS. IMP. Croix. ℞. TVRO-NES en deux lignes. AR. denier. F.D.C.

368. **Lyon.** Même légende, croix. ℞. LVGD-VNVM en deux lignes (n. 341). AR. denier. F.D.C.

369. **Melle.** Même légende, croix. ℞. METALLVM, en légende circulaire (n. 397). AR. denier. F.D.C.

370. **Venise.** Même légende, croix. ℞. † VENECIAS en deux lignes (n. 762). AR. denier F.D.C.

CHARLES II, le Chauve.

371. **Blois.** GRATIA. DII. REX. Monog. par K. ℞. BLESIANIS. CASTRO. Croix (n. 142). AR. denier F.D.C.

372. **Le Mans.** GRATIA. DII. REX. Monog. par K. ℞. CINOMANIS. CIVITAS. Croix (n. 217). AR. id. F.D.C.

373. La même pièce. AR. id. F.D.C.

374. **Orléans.** GRATIA. DII. REX. Monog. par K. ℞. AVRELIANIS. CIVITAS. Croix (n. 75). AR. id. F.D.C.

375. La même pièce. AR. id. T.B.

376. **Courtisson,** (peut-être Seez). GRATIA. DII. REX. Monog. par K. ℞. CVRTIS. ASONIEN. Croix (n. 234). AR. id. F.D.C.

377. **Le Palais.** CARLVS. REX. Croix. ℞. PALATINA. MONEAT. Monog. par K. ℞. (n. 480). AR. id. T.B.

378. Idem. GRATIA. DEI. REX. Monog. par K. ℞. PALATINA. MONE. Croix (n. 475). AR. id. F.D.C.

379. Idem. CAROLVS. REX. Croix. ℞. PALATINA. MONE. Monog. par K. AR. id. F.D.C.

380. **Tours.** GRATIA. DII. REX. Monog. par K. ℟. TVRONES CIVITAS. Croix (n. 730). Deux pièces. AR. id. T.B.

LOUIS II d'Italie.

281. HLVDOVVICVS. IMP. Croix cantonnée de 4 points. ℟. XRISTIANA. RELIGIO. Temple (n. 808). (Trois pièces.) AR. id. B.

CHARLES LE GROS

282. **Beauvais.** CAROLVS. REX. FRAN. Croix. ℟. BELLEVACVS. CIVI. Monog. par C. (n. 3). AR. id. T.B.

EUDES

383. **Blois.** MISERICORDIA. DEII. Dans le champ ODO. REX en monog. ℟. BLESIANIS CASTRO. Croix. AR. denier F.D.C.

384. **Limoges**. GRATIA. DII. REX. Dans le champ ODO entre deux croix. ℟. LIMOVICAS. CIVIS. Croix. AR. Grand denier B.

CHARLES III le Simple.

385. **Melle.** CARLVS. REX. R. Croix. ℟. METALO en deux lignes, 2 pièces. AR. Denier B.

386. METVLLO. Monog. par K. AR. denier B.

CONRAD, de Bourgogne.

387. **Lyon.** CONRADVS. Croix. ℟. LVGDVNVS. Croix avec base en forme de A (n. 345). AR. Denier B.

IIIe RACE

CAPETIENS (1)

HUGUES CAPET

388. **Beauvais.** HVGO. REX. HERVEVS. Croix cantonnée de deux points. ℟. BELVACVS. CIVITAS. Monog par K (n. 9) 2 pièces. AR. Denier T.B.

389. Même type (n. 10). R. Obole T.B.

PHILIPPE Ier

390. PHILIPPVS REX. Portail. ℟ VRILIANIS CIVIT. Croix cantonnée de deux S. AR. Denier.

LOUIS VI

391. **Etampes.** LVDOVICVS. REX. Monog. Barbare. ℟. STAMPIS. CASTELLVM. Croix cantonnée de deux V. AR. Denier.

392. **Nevers.** LVDOVICVS. Dans le champ REX et une faucille. ℟. NEVERNIS CIVIT. Croix (n. 22). AR. Denier B.

393. **Orléans.** LVDOVICVS. REXI. Porte de ville. ℟. AVRELIANIS CIVITAS. Croix (n. 8) deux pièces. AR. Denier.

LOUIS VII

394. **Angouleme.** LODOICVS. ℟. EGOLISSIME. Croisette et quatre annelets ( ) 2 pièces. AR. Denier T.B.

395. **Périgueux.** LODOICVS. Croix cantonnée de S et V. ℟. EGOLISSIME, cinq annelets ( ). AR. *id.*

396. **Senlis.** LVDOVICVS. REX. Croix. ℟. SINELECTIS. CIV. Croix à trois branches, cantonnée de 2 fleurons et d'un ꝏ (n. 10). AR. *id.*

397. **Angouleme.** LODOICVS. Croix. ℟. EGOLISSIME. Croisette et quatre annelets (n. 18). AR. Grand denier T.B.

(1) Les n^os^ côtés sont ceux de l'ouvrage édité par M. Hoffmann. Monnaie de la IIIe race, 1 vol in-4, pl.

PHILIPPE II Auguste.

398. **Arras**. PHILIPPVS. REX. Dans le champ FRA-NCO. ℟. ARRAS. CIVITAS. Croix cantonnée de 2 lis (n. 3). Denier.

399. Id. ARRAS. CIVIS ( ). *Id.*

400. **Montreuil**. MOVTVRVEL. Croix, 2 annelets (n. 9). *Id.*

401. **Paris**. PARISII. CIVIS. Croix (n. 1) 2 pièces. *Id.*

402. **Paris**. PHILIPPVS. REX, dans le champ FRA-NCO. ℟. PARISIVS CIVIS. Croix ( ). Id. T.B.

LOUIS VIII

403. LODOICVS. ENGOL. Croix pattée. ℟. VGO. COMES. MAR dans le champ CHE avec deux croissants. Id.

LOUIS IX, Saint-Louis.

404. *Gros tournois* (n. 10) 3 pièces. AR. T. B. et F. D. C.

405. *Denier tournois* (n. 13) cinq pièces. AR.

PHILIPPE III, le Hardi.

405 *bis*. *Masse d'or ou chaise*. PHILIPP. DEI. GRA. FRACORV. REX. Le roi couronné assis de face, tenant le sceptre et la main de justice, dans le champ deux lis. ℟. XPS. etc. Croix feuillue cantonnée de *quatre lis* (n. 3). OR. T.B.

406. *Gros tournois* (n. 5). AR. T.B.

407. *Denier tournois* (n. 8). AR.

PHILIPPE IV, le Bel.

408. *Gros royal* ou *chaise*. PHILIPPVS. DEI. GRA. FRANCHORVM REX. Le roi assis de face. ℟. XPC... Croix fleuronnée cantonnée de quatre couronnes (n. 3). OR. F. D. C.

409. *Gros tournois* (n. 5). AR. T.B.

410. *Tiers de gros* (n. 7) quatre pièces. AR. F.D.C.

411. *Fort bourgeois* (n. 26). AR. B.

412. *Bourgeois* (n. 28). Bil.

413. *Double tournois* (n. 23). Bil.

LOUIS X, le Hutin.

414. *Gros tournois.* Type du gros tournois de saint Louis; avec une étoile sous l'V de TVRONVS. (Cette pièce a été attribuée à saint Louis par M. Hoffmann sous le n. 9). AR. T.B.

415. *Denier tournois* (n. 5), deux pièces. Bil.

PHILIPPE V le Long.

416. *Aignel d'or.* AGN. DI. QVI. TOLL. PECA. MVDI. MISERERE. NOB. Agneau pascal à gauche portant la bannière et la croix. Dessous, PH. REX. ℟. XPC. etc... Croix feuillue cantonnée de quatre lis (n. 1). OR. F.D.C

CHARLES IV, le Bel.

417. *Aignel d'or.* Type du n. 416, avec KL. REX; dessous B (n. 1). OR. T.B.

418. *Royal d'or.* KOL. REX. FRACOR. Le roi debout sous un portail gothique. ℟. X. P. C. etc. Croix feuillue n. 2). OR. F.D.C.

419. *Gros tournois* (n. 5). AR.

420. *Demi-gros* (n. 7). AR.

421. *Double parisis* (n. 10). AR. B.

PHILIPPE VI, de Valois.

422. *Écu d'or.* PHILIPPVS DEI. GRA. FRANCORVM. REX. Le roi assis de face (n. 3). OR. F.D.C.

423. *Ange* (n. 12). OR. B.

424. *Double royal* (n. 11). OR. T.B.

425. *Royal* (n. 1). OR. B

426. *Chaise* (n. 14). OR. F.D.C.

427. *Pavillon* (n. 8). OR.

428. *Gros à la fleur de lis* (n. 29). AR.

429. *Double parisis* (n. 42). AR

JEAN II, le Bon.

430. *Royal d'or.* IOHES. DEI. GRA. FRANCORV. REX. Le roi debout de face, sous un portail gothique. ℟. XPC etc (n. 8). OR. T.B.

431. *Mouton* (n. 3). OR.

432. *Franc à cheval* (n. 10). OR.
433. *Florin* (n. 11). OR.
434. *Blanc à la couronne* (n. 49). AR.

CHARLES V

435. *Franc à pied* (n. 2). OR. T.B.
436. *Florin*. KROL. DEHS. V. Grand lis. R). S. JOHANNES. B. Saint Jean debout (une tour pour différent.) OR. T.B.
437. *Franc à cheval* (n. 4). OR.
438. *Gros* du *Dauphiné*. PRMO. G. FRANCOR. REG. Dans le champ. KROL entre un dauphin et un lis. R). DALPHNS. VIENSIS. Croix fleurdelisée à pied. AR. B.
439. *Blanc* et *Carolus*. 2 pièces. BIL

CHARLES VI

440. *Ecu d'or* (n. 1). OR. F.D.C.
441. *Royal*. KAROLVS. DEI. G. FRANCOV. REX. Le roi debout de face ; des fleurs de lis dans le champ. R). XPC. etc. OR.
442. *Agnel* (n. 3). OR.
443. *Blanc* dit *guénar* (n. 22, quatre pièces). AR. B.
444. *Gros florette* (n. 17). Cinq pièces. AR. B.
445. *Grand blanc* et *demi-blanc* (n. 14 et 26). AR.
446. *Gros aux fleurs de Lis* (n. 15). AR. B.

CHARLES VII

447. *Royal* (n. 9). OR.
448. *Ecu d'or* (n. 2). OR. B.
449. *Gros* (n. 22). AR. T.B

LOUIS XI

457. *Ecu d'or à la couronne* (n. 4.). OR. B.
451. *Ecu d'or du Dauphiné*. LVDOVICVS, DALPHIS. VIENE. champ écartelé d'un dauphin et de trois lis. R). XPC. Croix feuillue cantonnée de deux dauphins et de deux lis. OR.
252. *Blancs*, *liards* (quatre pièces). BR et BIL

CHARLES VIII

453. *Ecu au Soleil* (n. 5). OR. T.B.

454. *Demi-Ecu au Soleil* (n. 5). OR. B

455. *Ecu de Bretagne.* Ecu accosté de deux hermines. ℟. Croix fleurdelisée cantonnée de 4 hermines (n. 7). OR. B.

456. *Karolus* (n. 19, sept pièces). AR.

LOUIS XII

457. *Ecu au Soleil.* LVDOVICVS. DEI. GRATIA. FRANCORVM. REX. *Ecu couronné, un soleil au-dessus.* ℟. XPS. Croix fleurdelisée (n. 1). OR. F.D.C.

458. *Ecu au Soleil, du Dauphiné;* LVDOVICVS, etc. Ecu écartelé de France et de Dauphiné. ℟. XPS. etc. Croix fleurdelisée. OR. B.

459. *Ecu au porc épic* LVD. etc. Ecusson royal soutenu par deux porcs-épies (n° 6). OR. B.

460. *Ecu d'Anne de Bretagne* (Etoile). LVDOVICVS. D. GR. FRANCOR. REX. BRITON. DVX. Ecu de France accosté de deux porcs-épics. ℟. DEVS. IN. ADIVTORIVM. MEVM. INTENDE. N. Croix fleurdelisée cantonnée de deux hermines et de deux A couronnés (n. 15). OR. B.

461. *Teston de Milan.* LDOVICVS. D. G. FRANCORVM. REX. Buste du roi avec le chaperon fleurdelisé. ℟. MEDIOLANI. DVX. Saint Ambroise à cheval ; dessous, l'Ecu de France (n. 87). AR. T.B.

462. Quatre pièces diverses. AR.

FRANCOIS Ier

463. *Ecu au Soleil.* ℟. Croix fleurdelisée cantonnée de deux F et de deux lis (n. 4). OR. T.B.

464. *Ecu au Soleil* (*Bretagne*). L'Ecu accosté de deux hermelines couronnées. ℟. La croix cantonnée de deux F couronnés et de deux hermelines couronnées (n. 24). OR. B.

465. *Ecu au Soleil* (*Dauphiné*). L'écu écartelé de France et de Dauphiné. ℟. La *croix cantonnée de 2 dauphins* (n. 23). OR. B.

466. Même type ; rien dans les cantons de la croix (n. 19). OR. B.

467. Même type; la croix cantonnée de deux F couronnés (n. 20). OR.

468. Même type; la croix cantonnée de deux couronnes (n. 21). OR.

469. *Teston*. FRANCISCVS. P. DEI. GRA. FRANCORVM. REX. Buste du roi avec un manteau de fourrure. ℟. (Couronnelle). NO. NOBIS. DNE. SED. NOI. TVO. DA. GLORIA. Ecu de France entre deux F couronnés (n. 47). AR. B.

470. *Teston*. + FRANCISCVS. DEI. GRA. FRANCOR. REX. (Rose, trèfle.) Buste. ℟. + NO. NOBIS. DNE. SED. NOI. TO. DA. GLORIA. (Rose-trèfle.) Ecu couronné entre deux F couronnés (n. 42) *et un teston du Dauphiné*. AR.

471. *Teston*. + FRANCISCVS. (Point dans le premier C.). D. GRA. FRANCOR. REX. F. (Trèfle sous un point.) Buste barbu avec couronne radiée et fleurdelisée, cuirasse damasquinée ℟. + NO. NOBIS. DNE. SED. NOI. TVO. GLORIA. F. (Trèfle.) Ecu couronné dans une rosace; dessous D. (Frappé à Lyon par François Guilhen) (n. 81). AR. T.B.

472. *Teston*. La même pièce. AR. T.B.

473. *Teston*. FRANCISCVS. I. D. GRA. FRANCORV. (Cœur.) REX. Buste barbu avec la couronne fermée. ℟. XPS. etc. Ecu de France; dessous B. Frappé à Lyon par Guill. de Houppeville (n. 88). AR. B.

474. Quatre pièces diverses. AR.

HENRI II

475. *Double Henri* de 1551. Buste cuirassé, la tête nue. ℟. DVM. TOTVM. etc. (n. 26). OR. T.B.

476. *Double Henri* de 1561. Buste lauré et cuirassé. ℟. DVM. TOTVM. etc. (n. 30). OR. T.B.

477. *Henri* de 1551. Buste cuirassé, la tête nue. ℟. DVM. TOTVM. etc. (n. 27). OR. B.

478. *Teston*. HENRICVS. II. etc. Buste cuirassé, à l'exergue, nef sur un croissant suivi d'un M. ℟. XPS. etc. 1557 nef sur un croissant. Ecu de France entre deux H couronnés. Dessous K (n. 62). AR. B.

479. La même pièce. 1559 AR.

480. *Teston*. HENRICVS. II. etc. Tête laurée. ℟. CHRS. VINCIT. etc. Ecu couronné, dessous, un A. Rosaces dans les deux premiers C de chaque légende. Frappé au moulin de Paris (n. 52). AR. T.B.

481. *Teston.* HENRICVS II. etc. Tête laurée. ℟. CHRS. et BE (liés). 1553. Ecu de France; dessous A. (Paris) (n. 40). AR. F. D. C.

482. *Teston.* HENRICVS. etc. Buste cuirassé, la tête nue. ℟. XPS etc. 1552. Ecu de France entre deux H couronnées, à la pointe. C. (n. 65). AR. B,

483. *Teston.* HENRICVS. II. D. G. F. REX. Buste cuirassé, tête nue. ℟. XPS. etc. 1552. Ecu de France entre deux H couronnées, à la pointe A. AR. B.

484. *Teston.* HENRICVS. etc. Buste couronné barbu et cuirassé. ℟. XPS. Ecu de France entre deux H couronnées. dessous B. (n. 32). AR. B.

485. *Teston.* HENRICVS. etc. Buste lauré et cuirassé. ℟. CHRS. etc. BE (liés). 1555. Ecu de France; dessous A (n. 57). AR. T. B.

486. *Gros de Nesle et Douzain* (n. 70, 74). 2 pièces. AR. B.

FRANCOIS II et MARIE STUART

487. *Demi-gros d'argent.* FRAN. ET. M. D. G. R. R. SCOTOR. D. D. VIEN. L'écusson parti de France, de Dauphiné, et d'Ecosse, posé sur une croix provençale. ℟. FECIT. VITRAQVE. VNVM. 1558. Les lettres F. M. enlacées et couronnées, accostées de deux croisettes de Lorraine. AR. T. B.

CHARLES IX

488. *Ecu au Soleil* (n. 1). OR. F. D. C.

489. *Demi-Ecu au Soleil* (n. 2). OR.

490. *Teston.* CAROLVS. VIIII. D. G. FRANC. REX. Buste cuirassé à gauche, lauré; dessous, A. ℟. SIT. NOMEN. etc. M. D. LXII. Ecu accosté de deux C. couronnés (n. 10). AR. T. B.

491. *Teston.* CAROLVS. etc. même type. dessous, M. ℟. le même avec M. D. LXIX (n. 10). AR. B.

492. *Teston.* CAROLVS. 9. etc. même type; dessous une tour. ℟. XPS. etc 1567. Ecu accosté de deux K couronnés; à la pointe, L. (n. 15). AR.

493. *Teston.* CAROLVS. etc. Buste cuirassé à gauche. ℟. SIT. etc. M. D. LXXIIII. P. Ecu entre deux C couronnés. (n. 25). AR.

494. *Demi-teston.* CAROLVS. etc. Buste cuirassé à gauche. Dessous, C. ℞ SIT. etc. M. D. LXI. Ecu de France entre deux C couronnés (n. 13). AR. T. B.

HENRI III

495. *Ecu au Soleil.* HENRICVS. etc. ℞. CHRISTVS. etc. Croix à bras tortillés (n. 6). OR. T. B.

496. *Demi-Ecu* (même type) (n. 6). OR. T. B.

497. *Franc.* HENRICVS. III. D. G. FRANC. ET POL. REX. 1586. Dessous M. Buste avec fraise, cuirasse et manteau. ℞. SIT. etc. Croix feuillue et fleurdelisée, H au centre (n. 25). AR. T. B.

498. *Franc.* Même légende, le col rabattu. ℞. SIT. etc. 1578, L. (n. 20). AR. B.

499. La même pièce. AR. B.

500. *Demi-Franc.* Même type (n. 23). 2 pièces. AR.

501. *Quart de Franc.* Même type (n. 24). AR.

502. *Quart d'écu.* HENRICVS. etc. Croix fleurdelisée. ℞. SIT. etc. écusson accosté de II. II. (n. 29). AR. T. B.

CHARLES X, roi de la Ligue.

503. *Ecu au Soleil.* CAROLVS. X. D. G. FRANC. REX. ℞. CHRISTVS. etc. Croix (n. 1). OR. B.

504. *Quart d'écu.* CAROLVS (n. 3). AR. B.

505. *Huitième d'écu* (n. 10). AR.

506. *Douzain* (n. 13). AR.

HENRI IV

507. *Ecu au Soleil.* HENRICVS. IIII. etc. Ecu couronné. ℞. CHRISTVS. etc. Croix à bras tortillés (n. 5). OR. F. D. C.

508. *Demi-franc.* HENRICVS. etc. Sous le buste, K. ℞. SIT. etc. 1590. Croix fleuronnée avec H au milieu. AR.

509. *Demi-franc.* HENRICVS. etc. 16. M. OI. ℞. SIT. etc. S et trèfle. Frappé à Toulouse. AR. T. B.

510. *Demi-franc.* HENRICVS. etc. Sous le buste M. ℞. Coquille. SIT. etc. rosace. 1603. AR. T. B.

511. *Demi-écu de Béarn* (n. 32). Deux pièces. AR. T. B.

512. *Quart-d'écu* (n. 13). AR. B.

513. *Huitième d'écu* (n. 15). AR.

514. *Douzain*. n. 62). Deux pièces. BIL. T. B.

515. *Denier tournois*. Essai en argent (n. 81). AR. T. B.

LOUIS XIII

516. *Ecu au Soleil*. Ecu couronné. ℟. CHRISTVS. Croix à bras tortillés et fleurdelisés, A au centre (n. 9). OR. F. D. C.

517. *Ecu au Soleil* du Dauphiné. LVDOVICVS. XIII. D. G. etc. Ecu écartelé de France et de Dauphiné. ℟. Ancre. CHRISTVS. etc. 1641. Croix fleurdelisée. Frappé à Grenoble (n. 10). Très rare OR. B.

518. *Louis d'or*. ℟. Croix formée de huit L couronnées, cantonnées de quatre lis, A au centre (Paris) 1642 (n. 22). OR. F. D. C.

519. *Demi-Louis*. Même type. 1643 (n. 24). OR. F. D. C.

520. *Demi-écu* (ou Louis d'argent). 1643 (n. 94). AR. F. D. C.

521. *Quart d'écu*. Même type. 1643. Deux pièces (n. 97). AR. F. D. C.

522. *Douzième d'écu*. Même type. 1643 (n. 100). AR. F. D. C.

523. *Demi-écu*. Cheveux longs. 1642 (n. 88). AR. T. B.

524. Quatre pièces. AR.

LOUIS XIV

525. *Ecu au Soleil* (n. 1). OR. B.

526. *Louis* de 1644. Tête jeune laurée à droite. ℟. Croix avec huit L couronnées (n. 6). OR. F. D. C.

527. *Demi-Louis* de 1646. Même type avec les cheveux longs (n. 13). OR. T. B.

528. *Louis de* 1713. Buste vieilli. ℟. Croix formée par 8 L couronnées et cantonnées de 4 lis, un soleil au centre (n. 42). OR. F.D.C.

529. *Demi-louis aux insignes*, 1701. Croix formée par 8 L avec le sceptre et main de justice en sautoir (n. 37). OR.

530. *Fleur de lis d'or*. LVDOVICVS. XIIII. etc. Croix formée par 4 lis couronnés, et cantonnée de 4 lis. ℟. DOMINE ELEGISTI. LILIVM. |TIBI. Ecu royal soutenu par deux anges (n. 20). OR. T.B.

531. *Écu d'argent.* Buste poupard lauré et drapé à droite, avec la croix du Saint-Esprit. ℟. SIT. Ecu couronné (n. 55). AR. F.D.C.

532. *Demi-écu*, même type (n. 59). AR. F.D.C.

533. *Quart d'écu.* Même type (n. 61). AR. F.D.C.

534. *Douzième d'écu.* Même type (n. 63). AR. F.D.C.

535. *Quinze deniers.* LVD. XIIII. Même buste. ℟. D. G. FRA. ET. NAV. REX. Ecu de France (n. 70). AR. F.D.C.

536. *Demi-écu*, 1654. Une mèche descendant sur la poitrine (n. 76). AR.

537. *Quart d'écu.* Même type, 1653 (n. 77). AR.

538. *Écu aux huit* L, 1691 (n. 133). AR. B.

539. *Écu aux trois couronnes*, 1712 (n. 187). AR. T.B.

540. *Demi-écu aux trois couronnes*, 1711 (n. 189). AR. B.

541. *Demi écu de Strasbourg*, 1694 (n. 281). AR.

542. *Douzième d'écu aux trois couronnes* (n. 191). AR. B.

543. *Quart d'écu.* SIT etc. Ecu accosté de II. II. ℟. LVD. etc. Croix fleurdelisée, 1644 (n. 44) deux pièces. AR. B.

544. *Quart d'écu.* LVD. Ecu accosté de II. II. ℟. SIT. Croix fleurdelisée 1648 (n. 48). AR. B.

545. Deux pièces (n. 106, 1038). AR.

LOUIS XV

546. *Double louis* dit de *Noailles*. Buste enfantin à droite, avec couronne fermée sur la tête, 1717. ℟. Quatre écussons de France et Navarre formant la croix. A au milieu (n. 6). OR. T.B.

547. *Louis*, même type (n. 7). OR. T.B.

548. *Demi-Louis*, même type (n. 8). OR. T.B.

549. *Demi-louis de Law.* Deux L adossées et couronnées, dans le champ 3 lis, 1722 (n. 12). OR. F.D.C.

550. *Louis dit mirliton.* Deux L enlacées et couronnées, cernées de deux palmes, 1723 (n. 14). OR. F.D.C.

551. *Louis aux lunettes.* Buste jeune, drapé, à gauche. ℟. Ecus de France et de Navarre, 1726 (n. 16). OR.

552. *Demi-louis aux lunettes.* Même type 1729 (n. 17). OR.

553. *Double-louis au bandeau.* Buste senior à gauche. ℟. Ecus de France et de Navarre, 1757 (n. 18). OR. T.B.

554. *Louis au bandeau*, même type, 1741 (n. 19). OR.

555. *Ecu* dit *Vertugadin*. Buste enfantin à droite. ℟. Ecu rond couronné, 1717 (n. 26). AR. T.B.

556. *Petit louis d'argent*. Buste enfantin à droite. ℟. Croix formée de quatre doubles L couronnées, 1720 (n. 33). AR. T.B.

557. *Ecu aux* 8 L. Buste juvénile et lauré à droite. ℟. Croix fleurdelisée entourée de 4 couronnes et quatre doubles L, 1724 (n. 45). AR. T.B.

558. *Cinquième et dixième d'écu aux lauriers* (n. 52, 53). AR. B.

559. *Ecu au bandeau* (n. 56). AR. T.B.

560. *Demi écu* et *cinquième d'écu*, même type (n. 58, 59). et quatre pièces diverses. AR. B.

LOUIS XVI

561. *Louis* dit *aux palmes*. Buste jeune à gauche. ℟. Ecu carré avec sceptre, main de justice et deux palmes (n. 1). OR. F.D.C.

562. *Double-louis aux lunettes*. ℟. Ecussons ronds de France et de Navarre, 1775 (n. 2). OR. B.

563. *Double louis*. Tête senior à gauche. ℟. Ecussons carrés de France et de Navarre, 1786. (n. 5). OR. F.D.C.

564. *Louis*. Même type, 1787 (n. 6). OR. F.D.C.

565. *Ecu de* 6 *livres*. Buste à gauche. ℟. Ecusson rond couronné avec palmes, 1789 (n 11). AR. B.

566. *Demi-écu*. 24 Sols, 12 Sols, même type (n. 13, 14, 15) trois pièces. AR. F.D.C.

567. *Six sols*. Même type (n. 16). AR.

568. *Ecu de* 6 *livres*. Même type. Béarn (n. 11). AR. T.B

569. *Ecu constitutionnel* (n. 60). AR. T.B.

570. *Demi-écu*. 30 Sols. 15 sols, même type (n. 62, 63, 65). AR. T.B.

NAPOLÉON II

571. NAPOLEON. II. EMPEREUR. Tête jeune, nue à gauche. ℟. EMPIRE. FRANÇAIS. 1 franc. 1816. ESSAI. AR. T.B.

JOSEPH-NAPOLÉON, roi d'Espagne.

572. JOSEPH. NAP. D. G. HISP. ET. IND. R. Tête nue à gauche. dessous 1809. ℟. IN VTROQ. FELIX. AVSPICE. DEO. Ecu courouné. *Pistole de* 80 *réaux*. OR. T.B

ÉLISA BONAPARTE et FÉLIX BACCIOCHI

573. FELICE. ED. ELISA. P. P. DI. LVCCA. E. PIOMBINO. Bustes accolés du prince et de la princesse. ℞. PRINCIPATO. DI. LVCCA. E. PIOMBINO. dans une couronne 5 FRANCHI. AR. T.B.

574. 1 *franc*, Même type AR. T.B.

LOUIS-NAPOLÉON, roi de Hollande.

575. LODEW. NAP. KON. VAN. HOLL. Tête nue à gauche. ℞. KONINGRIJK. HOLLAND. Ecu couronné. Ducat. OR. F.D.C.

576. *Ecu de* 50 *stuivers*, 1808. AR. T.B.

MURAT, roi des Deux-Siciles.

577. GIOACCHINO. NAPOLEONE. 1813. Tête nue à gauche. ℞. REGNO. DELLE. DVE. SICILIE. 20 lire. OR. F.D.C.

578. 5 *Lire*. Même type, tête à droite. Ecu de France et de Sicile sur le manteau. AR. T.B.

579. 2 *Lire*. AR.

JÉROME-NAPOLÉON, roi de Westphalie.

580. HIERON. NAPOL. Tête laurée à gauche. ℞. ROEN. V. WESTPH. FR. PR. 1813. 10 frank OR. T.B.

581. *Thaler*. EINE. FEINE. MARK. 1812. AR. B.

BERTHIER

582. *Demi-Batz*. BIL. B

BERNADOTTE

583. Pièce d'argent module de la pièce de 1 franc. AR. T.B.

PIÈCES DIVERSES

ÉDOUARD (le Prince Noir).

584. EP. PO. GNS. REG. ANGL. PRCS. AQ. Le prince debout sous un dais, deux lions sous ses pieds. Dans le champ, quatre palmes. ℟. DNS. AIVTO. PTECTO. ME. IIPO. SPAVI. COR. MEVM. Croix ornée, cantonnée de deux léopards et de deux lis. *Pavillon.* OR. T. B.

HENRI V D'ANGLETERRE

585. *Gros.* AR. B.

HENRI VI D'ANGLETERRE

586. *Salut.* OR. F. D. C.

587. *Gros* et *blanc aux écus*, deux pièces. AR. B.

CHARLES I, d'Anjou (frère de Saint-Louis).

588. KAROL. DEI. GRA. IERLM. SICILIE. REX. Ecu aux armes de Jérusalem et de Provence, surmonté d'un croissant entre deux étoiles, accosté de chaque côté de deux étoiles et d'une rosace. ℟. AVE. GRACIA. PLENA. DOMINVS. TECVM. Type de l'Annonciation. OR. T. B

CATHERINE DE MÉDICIS

589. CATH. REG. FRAN. Buste de la reine de trois quarts ℟. AVENIO. DEDIT. dane une couronne. Jolie petite médaille, du temps, faite à Avignon. AR. T. B.

590. Sous ce numéro seront vendus plusieurs lots de monnaies doubles, etc.

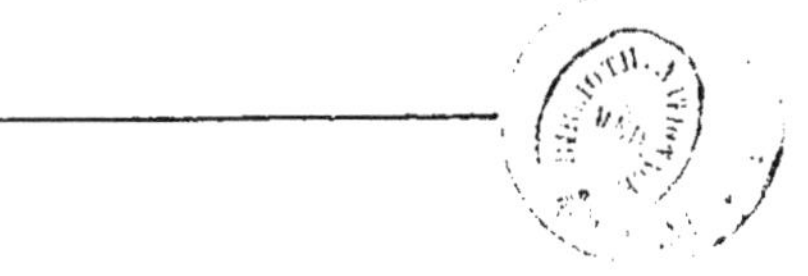

www.ingramcontent.com/pod-product-compliance
Ingram Content Group UK Ltd.
Pitfield, Milton Keynes, MK11 3LW, UK
UKHW021030180726
13838UKWH00004B/1715